RENÉ FAVAREILLE

La Dotation Syndicale

Solution de la Question Sociale

BERGER-LEVRAULT, ÉDITEURS
NANCY, PARIS, STRASBOURG

La Dotation Syndicale

Solution de la Question Sociale

DU MÊME AUTEUR

Réforme administrative par l'Autonomie et la Responsabilité des Fonctions (Self-Administration). Paris, Albin Michel, éditeur. Prix : 4 fr. 50.

RENÉ FAVAREILLE

La Dotation Syndicale

Solution de la Question Sociale

BERGER-LEVRAULT, ÉDITEURS
NANCY, PARIS, STRASBOURG

1920

LA DOTATION SYNDICALE

SOLUTION

DE LA QUESTION SOCIALE

PREMIÈRE PARTIE

POSITION DE LA QUESTION

> « Le progrès restera anarchique tant que l'ordre restera rétrograde. »
>
> Auguste Comte.

QU'EST-CE QUE LA QUESTION SOCIALE ?

Différence entre les paysans et les ouvriers. — Fermez les livres d'économie politique, oubliez les bêtises des réunions publiques, et, vous plaçant en face des réalités, posez-vous d'abord les deux simples questions suivantes :

Y a-t-il une question sociale pour les

paysans? Non. Il y a pour eux des questions économiques, des problèmes techniques ou commerciaux; il n'y a pas de question sociale.

Y a-t-il une question sociale pour les ouvriers? Oui, et plus aiguë en raison directe de l'importance de l'industrie.

Conclusion logique : une difficulté existe donc pour les ouvriers, qui n'existe pas ou qui n'existe plus pour les paysans.

Et cette difficulté, c'est évidemment la suivante : *le capital et l'instrument de travail sont accessibles aux paysans et ne le sont pas aux ouvriers.*

Telle est la question, tel est le problème. Des milliers de pages des économistes classiques ou socialistes, des milliers de discours n'ajouteront pas un mot utile à ce simple énoncé.

C'est la Révolution qui a résolu la question sociale pour les paysans. — La question sociale a été résolue pour les paysans quand la terre, qui est leur capital et leur instrument de travail, leur a été rendue facilement accessible par les lois révolutionnaires qui ont libéré la propriété terrienne des servitudes féodales et morcelé la mainmorte ecclésiastique.

Donc il suffit à un paysan quelconque d'être économe et travailleur pour acquérir, avec la propriété, l'indépendance morale économique et sociale qu'elle confère, le maximum de jouissance sollicitée par la nature humaine, le plus énergique instrument d'action et de progrès. En même temps que les législateurs livraient la terre libérée et nue à la possession passionnée du paysan, ils brisaient également les entraves du commerce, jetaient par terre les corporations, les jurandes et maîtrises. Et, pour être bien certains que désormais le travail et l'économie resteraient les facteurs souverains de l'activité individuelle, ils interdisaient rigoureusement l'association : car toute association est un commencement de puissance qui peut limiter l'*individu,* lequel ne devait plus connaître d'autre souveraineté que celle de la nation une et indivisible.

« Ce champ est à moi, c'est mon empire », dit le paysan en franchissant la clôture de son champ, et, sauf les fatalités physiques auxquelles nul n'échappe ou ne commande, il peut déterminer avec exactitude quand tel autre champ voisin sera à lui. Et ce domaine qu'il a commencé d'édifier, son fils le continuera..., à moins qu'il ne le dissipe, mais de cela ni les lois ni la société ne seront responsables.

De même, l'employé de commerce — du moins jusqu'à l'apparition des grands magasins — après avoir fait son apprentissage chez son patron, son père ou son futur beau-père, s'installe à son compte avec ses gains, sa dot ou celle de sa femme.

Ainsi le législateur révolutionnaire avait résolu, en ce qui les concernait, la question sociale, et la question sociale *totale,* pouvait-il croire, puisqu'en embrassant l'horizon économique il n'y pouvait discerner que des paysans et des commerçants.

Quelque chose que ne connaissait pas la Révolution. — Mais les révolutionnaires et leur grand héritier Napoléon étaient à peine couchés dans la tombe que, par-dessous les moissons dorées et les vertes houblonnières mûrissant sous le ciel nouveau de la liberté et de l'égalité, le pic du mineur heurtait une force formidable, jusqu'ici inconnue et prisonnière, le charbon, et la libérait des noires profondeurs de la terre. Le charbon! la machine! l'usine! grandeur et tourment du siècle qui naissait avec eux!

La solution donnée à l'ouvrier de la terre allait-elle convenir à celui de l'usine? Non, parce que l'usine n'était pas, ou, par le développement qu'elle allait prendre, ne serait plus accessible à l'épargne individuelle, à la patiente économie, quelles que soient la durée et la ténacité de cette dernière, parce qu'elle n'est pas et ne sera jamais *morcelable*. Ainsi, tandis que les serfs devenaient propriétaires, les ouvriers devenaient serfs, prolétaires.

La question sociale moderne est donc née avec la première usine; elle a grandi avec le développement industriel. Avec elle a grandi le socialisme qui n'est autre chose que le problème de la propriété industrielle. « Partout où s'élève une cheminée d'usine il naît des socialistes. » (Bebel.)

Un immense prolétariat s'est rapidement groupé autour des usines immorcelables, amoncelé au pied de cette infranchissable propriété comme une foule dans une impasse. Bien plus, l'agglomération des travailleurs industriels autour des usines et l'agglomération des usines sur un même point les ont entassés dans les grandes maisons urbaines que leur grande valeur rend également inaccessibles à toute appropriation individuelle, de telle sorte que, jusque dans leur logement, ils sont dessaisis de cette indépendance, de cette jouissance, de cette énergie de progression que seule confère la propriété individuelle. Et pourquoi la propriété individuelle est-elle seule à posséder cette vertu? Parce que la nature humaine se comporte ainsi.

Ce qui revient à dire que la question sociale est la question de rendre accessible le capital industriel au travailleur industriel, et que *le socialisme pris dans sa signification profonde n'est qu'une puissante et légitime aspiration du prolétariat vers la propriété.*

Cette question n'étant pas résolue, cette aspiration n'étant pas satisfaite, la situation est à nouveau redevenue révolutionnaire.

Erreur involontaire des anciens révolutionnaires. — Si cette question n'est pas résolue, c'est en principe à cause de la nature particulière du capital industriel et de la résistance particulière qu'il oppose à l'appropriation individuelle. Et cette difficulté s'est aggravée par l'effet des lois révolutionnaires elles-mêmes. Conséquence imprévue de nos ancêtres au grand cœur généreux, car, s'ils avaient pu entrevoir, ne fût-ce qu'en un rêve de quelques minutes, l'errant, impuissant et désespéré prolétariat qui allait naître de la loi Le Chapelier, ils auraient guillotiné son auteur, et jamais le couperet ne serait plus efficacement tombé.

Dans leur frayeur en effet de voir se reconstituer les anciens pouvoirs autonomes qui avaient balancé celui de la royauté, et qui pouvaient démembrer à nouveau la patrie, la République une et indivisible, ils vo[illegible]rent cette fameuse loi qui interdit toute association, tout groupement de plus de vingt personnes. Terrible erreur de ces hommes de bonne foi, mais dont nos dents grincent si fort aujourd'hui !

Ils ne furent point coupables, car ils crurent à l'efficacité suffisante, d'une part, des droits politiques abstraits proclamés dans la Déclaration, et, d'autre part, de l'action exclusive de l'État. Entre l'État seul souverain et l'individu seul moteur, ils ne jugèrent utile aucun organisme intermédiaire.

Mais très rapidement les faits démontrèrent au contraire que l'armature métaphysique et idéale des droits de l'homme pouvait n'être pour ce dernier qu'un fétu de paille contre les réalités sociales et économiques, bref, que le citoyen pouvait être à la fois souverain et misérable. Très rapidement aussi, les faits ont démontré que l'État n'était pas toujours pour l'individu une sorte de nouvelle providence terrestre, que c'était parfois un faux dieu qui opprimait les indépendances et étouffait les initiatives.

Très rapidement enfin, nous avons vu grandir trois autres puissances que celle de l'État : la Richesse, les Partis et la Bureaucratie, capables de la dominer et même de l'absorber, de telle sorte que l'individu isolé, l'homme abstrait de la Révolution, avec sa cuirasse de droits théoriques était facilement réduit à merci par toutes ces forces concertées et conjurées. *Væ soli!*

Erreur volontaire de la Bourgeoisie au XIXe siècle. — Mais si les révolutionnaires sont excusables de n'avoir pas prévu le problème social qu'allait poser le régime industriel, la Bourgeoisie qui est née de ce régime, qui a grandi avec lui, qui s'est fortifiée avec lui, est sans excuse de ne l'avoir pas compris.

Et cependant, dès les vingt premières années du siècle, alors que quelques cheminées seulement commençaient d'enfumer le ciel des cités, par une de ces bonnes fortunes dont le génie français est coutumier, Saint-Simon et Fourier discernaient avec une précision aiguë et déjà douloureuse l'ère de l'industrialisme et du machinisme, le déséquilibre certain entre le capital aggloméré et l'individu isolé, l'anarchie fatale d'une civilisation qui, de purement agricole, militaire et bureaucratique, deviendrait industrielle sans que ses formes juridiques et son commandement social suivissent la même évolution.

Après eux, Auguste Comte, Proudhon, les révolutionnaires de 1848, déjà plongés dans l'industrialisme que les précurseurs n'avaient pu que deviner, élargirent encore le champ de cette observation, et le sentimentalisme équivoque de Napoléon III sembla un instant conspirer avec eux.

Mais l'exactitude n'est pas de dire que la Bourgeoisie ne comprit pas le problème. La justice est plutôt de prononcer qu'elle l'avait parfaitement compris et que c'est bien systématiquement qu'elle en a écarté la solution, solution qu'elle connaissait parfaitement.

Cette solution, les penseurs dont je viens de rappeler les grands noms la lui avaient donnée, c'était l'*association*.

Cette solution, elle-la prit, l'appliqua, la développa, lui donna un immense et admirable développement mais seulement pour son usage personnel. Les lois qu'il fallait, les jurisprudences nécessaires pour autoriser, développer et fortifier l'*association des capitaux*, furent rapidement découvertes et mises en vigueur. Sociétés civiles, en commandite, en participation, anonymes, furent vite inventées ou perfectionnées et successivement adaptées aux besoins.

Cette solution était si exacte que les résultats furent prodigieux. C'est par l'association des capitaux que, depuis cent ans, la terre est bouleversée et que l'homme la transforme, l'aménage en un milieu sans cesse perfectionné pour sa propre satisfaction. C'est par l'agglomération des petites épargnes dans les grandes sociétés que le globe terrestre, fouillé jusque dans ses entrailles, ceinturé d'un immense réseau de fer, livre ses richesses éveillées peu à peu du long sommeil où elles étaient enfouies.

Il n'y eut qu'un oubli, ce fut de ne pas remettre aux travailleurs, en même temps qu'aux capitaux, cet admirable et puissant instrument.

Il faut aller jusqu'en 1884 pour connaître un commencement de constitution syndicale, et dosée avec quelle prudence ! Les travailleurs peuvent s'associer mais pour mettre en commun quoi ? seulement des discours et des idées, puisque la possession des choses leur est interdite. En vain Waldeck-Rousseau demande au Sénat de mettre un terme à cette impuissance, en vain il ouvre devant lui la perspective de la justice et de la paix sociales. Ses auditeurs restent aussi fermés que les censitaires de Louis-Philippe. Seul le bouleversement de la guerre a pu débloquer cette obstruction, donner la capacité civile aux syndicats (loi du 14 mars 1920), abroger définitivement l'erreur de 1791 et la faute d'un siècle égoïste.

Conséquence de cette erreur. — Pour couvrir cette longue erreur ou dissimuler la véritable captation que les détenteurs de capitaux avaient subtilement faite de ce merveilleux instrument de l'*association*, les doctes juristes et les distingués économistes ne manquèrent pas. Nous fûmes élevés dans le culte de ces dogmes : libre jeu des intérêts économiques, harmonie providentielle de leurs forces antagonistes, mais finalement inclinées à l'intérêt général par les lois de la concurrence et de l'offre et de la demande.

Certes, tout n'était pas faux, et notamment cette scientifique constatation que l'intérêt individuel et, par suite, l'initiative privée sont les ressorts insupprimables de l'activité et du progrès matériels. Mais à la condition que le jeu ouvert entre les intérêts, les égoïsmes et les initiatives fût franc et que les codes, les lois et les tribunaux ne handicapent pas l'une ou l'autre des forces en présence. Or, quel terrible handicap sur le prolétariat réduit à l'état de poussière économique en présence des ingéniosités, des possibilités, des perfectionnements innombrables de l'association des capitaux, de sa technique sans cesse améliorée, de l'accumulation grandissante de ses réserves !

Et si le prolétariat ne voit plus dans ces associations, dans ces gestions et accumulations financières, cependant nécessaires et fécondes, qu'associations d'exploiteurs, peut-on avoir le cœur de lui reprocher cette naïve généralisation, sachant que de toutes ces associations, de toutes ces gestions, de toute cette technique et finance, il fut soigneusement et méthodiquement tenu à l'écart par la loi.

L'outil indispensable de la vie économique, l'*association,* ayant été retiré de ses mains depuis 1791, le prolétariat est resté profondément ignorant des conditions de l'action industrielle moderne, et il est tombé dans une profonde incapacité économique et politique.

Son incapacité économique est notoire. Sans doute peut-on citer de nombreuses individualités ouvrières qui, douées d'une exceptionnelle énergie, se sont évadées du salariat vers les plus hauts patronats. Sans doute la plupart des capitaines actuels de l'industrie sont d'anciens soldats ou fils d'anciens soldats, mais c'est une exception qui confirme la règle, et le fait qu'ils ont résolu la question sociale en ce qui les concerne, atteste justement que la masse de leurs camarades ne l'a pas résolue et ne la résoudra jamais de cette manière. Le problème reste donc entier pour elle.

Son incapacité politique n'est pas moindre, car je compte pour peu de chose le bulletin de vote dont il est armé. Ce bulletin a surtout servi à ouvrir le champ à une nouvelle espèce d'association dont il n'était pas moins exclu, celle des partis et des politiciens.

Sans logis fixe, sans vie syndicale, sans initiation économique, sans instruction et sans possibilité de s'élever avec son seul salaire à ces degrés successifs de puissance matérielle, sociale et morale, quoi d'étonnant à ce que son cours désordonné et maintenant torrentiel se précipite vers la seule issue ouverte : l'insurrection contre le capitalisme et le parlementarisme?

Grave conjoncture! Car les chefs industriels actuels, malgré leur faible sens politique, sont infiniment plus accessibles que leurs pères à de larges évolutions ou générosités de pensée. Surtout ils sont seuls encore en état de gérer l'immense capital scientifique et économique que le siècle passé, sans pitié mais non sans grandeur productive, a transmis au siècle présent. Car la classe ouvrière, aussi longtemps qu'elle n'aura pas accompli à son tour son stage de gestion, est manifestement hors d'état d'assumer la responsabilité de cette gestion. Sa brusque dictature déterminerait une catastrophe dont elle serait la première victime, en provoquant des réactions qui recuIeraient loin encore l'heure de son véritable affranchissement.

Le problème reste donc finalement comme je l'ai posé au début : ouvrir au prolétariat la propriété industrielle, afin qu'en participant directement à son exploitation, il en recueille les bénéfices, il s'en assimile les forces et il en connaisse aussi les difficultés.

Insuffisance des solutions jusqu'ici proposées. — Tout le monde étant d'accord pour reconnaître que les travailleurs doivent, d'une manière quelconque, accéder à la propriété industrielle, le problème devient d'ordre purement technique; il échappe heureusement aux politiciens et aux académiciens. Ce n'est plus qu'une combinaison technique à trouver.

Jusqu'ici, nous en connaissons quatre; la

participation aux bénéfices, l'*actionnariat ouvrier* (actions de travail), la *nationalisation* et la *coopération*.

Les deux premières sont de jolis sujets de concours pour l'Académie des Sciences morales et politiques, ou de faciles remplissages électoraux, mais au total deux enfantillages.

Je demanderai d'abord à leurs gentils amateurs comment ils entendent faire jouer la *participation* et l'*actionnariat* quand il n'y a ni société ni actions, ce qui est tout de même le cas de l'immense majorité des entreprises industrielles et rurales. C'est sans doute un détail qui leur a échappé.

On peut également leur demander ce qu'il advient de ces belles combinaisons quand il n'y a pas de bénéfice. Oh! j'entends déjà la belle réclamation que soulèvera ma question. Mais c'est bien simple : « Quand il n'y a pas de bénéfices, il n'y a pas de *participation!* »

D'accord! mais alors si nous n'avons que ce moyen de résoudre la question sociale, il apparaît singulièrement aléatoire.

Mais c'est précisément ce point de départ qui est faux.

Tenons d'abord pour absurde que les travailleurs doivent participer aux pertes, c'est-à-dire qu'on puisse récupérer sur leurs salaires une partie du déficit de l'entreprise, et cela suffit à rendre le procédé ci-dessus tout à fait infirme, car on sera toujours en droit de contester dans son principe ou sa quotité la part de bénéfice à qui ne subit pas la part de perte.

En outre, le travailleur ne sera-t-il pas naturellement porté à soutenir que l'absence de bénéfices est due à une mauvaise gestion et qu'il devrait participer à cette gestion même. Or, cette participation obligatoire à la gestion est inconcevable dans la multiplicité d'entreprises qui restent l'affaire d'un seul patron. Si, en fait, on voit le plus souvent le patron admettre à une véritable collaboration tel ou tel de ses employés, c'est par un choix toujours révocable, et ce ne peut être, comme le bon sens l'indique, par un mécanisme automatique.

La participation obligatoire des travailleurs à la gestion est plus facile à organiser dans les entreprises à forme collective par l'entrée au Conseil d'administration de leurs représentants. Mais elle n'aboutit encore qu'à une fausse situation, puisque ces représentants ne peuvent évidemment y être en majorité, l'entreprise ne marchant pas avec leurs capitaux. Le corps des salariés n'en subira pas moins les effets d'une mauvaise gestion dont il ne sera pas responsable.

Mais les salariés ne peuvent pas plus assumer la direction de l'entreprise que ses propriétaires, les actionnaires. Le représentant de ces derniers, le Conseil d'administration, ne l'assume lui-même que nominalement et, en réalité, c'est un seul homme, administrateur délégué ou directeur, qui est responsable de l'affaire. La nature des choses le veut ainsi et il n'y a rien à faire là contre.

En résumé, les salariés ne peuvent ni être intéressés aux pertes ni assumer la direction de l'entreprise. La participation aux bénéfices sous la forme d'actions de travail est un jouet d'enfant par rapport à la question à résoudre : l'incorporation du prolétariat à la propriété industrielle.

On se fait d'ailleurs de bien grandes

illusions sur les résultats de la participation aux bénéfices dans le cas où elle pourrait jouer, c'est-à-dire dans les entreprises en sociétés et dans les entreprises bénéficiaires. Ces illusions proviennent de ce que généralement ceux qui en parlent n'ont jamais manié réellement une affaire ni établi un compte de profits et pertes. Prenez une douzaine de ces comptes parmi les plus prospères et détachez-en le solde bénéficiaire net. Prélevez-en un tiers, somme maximum que vous puissiez accorder aux salariés, les deux autres tiers étant le minimum que l'on puisse accorder à la direction et au capital, et partagez-le entre les salariés : vous serez chaque fois surpris du résultat décevant de votre division. Chaque participant ne reçoit qu'une chétive obole qui s'incorpore à son salaire comme une gratification et qui en subit l'usage normal, c'est-à-dire qui est dépensée. Ce n'est donc pas par ce procédé que le salarié peut être incorporé, c'est-à-dire stabilisé, c'est-à-dire soustrait aux aléas que comporte son existence actuelle, suspendue au salaire journalier, privée du point d'appui de la réserve, de la ressource permanente que confère le capital à celui qui le possède.

La *nationalisation,* outre qu'elle n'est théoriquement applicable qu'aux grandes industries, ne changerait rien à ce fait que la distribution individuelle des bénéfices aux employés n'aboutit qu'à une infime portion pour chacun d'eux. La *nationalisation* d'ailleurs est un mot nouveau, mais qui déguise une chose bien vieille, une véritable *panne* qu'on n'ose plus avouer, tant elle est périmée, l'*Étatisme.* Bien plus, la *nationalisation* ou mieux l'*Étatisation* coupe dans sa racine tout espoir d'affranchir le salariat, puisque l'État est un patron perpétuel dont ses salariés ne peuvent jamais espérer prendre la place (1).

La *coopération* est un merveilleux instrument et dont le rôle sera demain immense. Il répond pleinement à la conception fouriériste de l'association, à la solution française de la question sociale opposée à la solution anarchiste de la lutte des classes. Dans la situation présente, elle ne peut

(1) J'ai clairement fait ailleurs cette démonstration. Cf. *Réforme administrative,* p. 62. (Albin Michel, éditeur.)

cependant aboutir qu'à un échec et, de fait, elle a jusqu'ici échoué.

La coopérative de consommation ne peut prétendre à résoudre la question sociale telle que nous l'avons posée. En diminuant le prix des choses consommées par le salarié, elle augmente directement sa puissance d'achat et indirectement son salaire, mais c'est tout. Or, répétons-nous bien cet axiome : Le salaire ne peut jamais être suffisamment augmenté pour réaliser à lui seul l'émancipation économique du salariat, exception faite de ses individualités les plus énergiques. La coopérative de consommation souffre d'ailleurs en France du mal que je viens de dénoncer tout à l'heure, l'insuffisance d'éducation économique des salariés. Conçue comme une œuvre philanthropique ou de propagande, vivant sur le principe absolument faux de la gratuité des gérances et des fonctions, du désintéressement des concours, elle n'a pas encore su s'assimiler les principes essentiels de la technique commerciale.

La coopérative de production doit au contraire, par définition et par principe, prétendre apporter un élément décisif de solution. Mais il faut noter plusieurs réserves essentielles. Cet instrument, théoriquement parfait, ne peut jouer dans toutes les exploitations, principalement les petites, celles qui ne comportent qu'un ou deux facteurs humains. En outre, elle suppose, pour fonctionner pratiquement, une longue initiation du prolétariat à la pratique des affaires. Enfin, elle exige, pour partir, une première mise de capitaux, souvent deux ou trois fois renouvelée en cas de tâtonnements et d'insuccès, capitaux que le prolétariat est manifestement hors d'état de prélever sur son salaire.

Nous voici donc toujours en face, mais cette fois au pied du problème à résoudre et qu'il faut maintenant escalader directement.

DEUXIÈME PARTIE

LA SOLUTION

« Il faut incorporer dans la Société moderne le prolétariat qui n'y est encore que campé. »

Auguste Comte.

Les facteurs du bénéfice. — Je répète d'abord :

Que la question sociale pour le prolétariat n'est autre que celle de son accession à la propriété industrielle;

Que, cette propriété n'étant pas morcelable, le mode d'accession ne peut être le même que celui du travailleur rural;

Que le salaire est et sera toujours insuffisant à lui seul pour permettre à la masse prolétarienne son affranchissement économique;

Que la participation aux bénéfices est, en fait, illusoire ou insuffisante.

Mais, au fond, la participation aux bénéfices n'est pas seulement une erreur de fait, elle est une erreur dans son point de départ théorique. C'est ce que je vais démontrer.

Dans les conditions de l'industrie, telles qu'elles se comportent, le salarié est-il facteur principal du bénéfice? Non.

Les facteurs primordiaux sont : l'inventeur du procédé exploité; les directeurs et sous-ordres techniques, qui en suivent ou perfectionnent l'application; les directeurs et sous-ordres commerciaux, qui en organisent l'exploitation.

Les facteurs secondaires sont les capitaux, qui ont couru le risque de s'engager dans cette fabrication, et les salariés exécutants, qui transforment ou vendent la matière suivant les ordres donnés. Sans offenser ces deux facteurs, on peut dire d'eux qu'ils sont « passifs » puisqu'ils sont anonymes et interchangeables. En effet, le capital et le personnel strictement exécutant peuvent être, et sont renouvelés sans que la marche de l'affaire s'en ressente aucunement, tandis que tout changement dans les premiers facteurs se révèle immédiatement en bien ou en mal.

La déduction logique de ces constatations, est que ce sont les inventeurs et directeurs techniques et commerciaux qui doivent le plus largement participer aux bénéfices. Pour eux, la participation doit avoir quelque côté par où elle est illimitée, c'est-à-dire qu'elle doit, sans scandale et sans abus, suivre proportionnellement le succès de l'affaire, quels que soient les résultats de cette participation. C'est le seul moyen de surexciter énergiquement les cerveaux producteurs d'où dépend la progression matérielle de l'humanité. D'ailleurs, le tribut que chacun de nous paie à ces véritables producteurs devient réellement infime. En supposant — ce qui n'est malheureusement pas le cas — que les inventeurs de la machine à vapeur, de la dynamo, du moteur à explosion, de la bicyclette, de la fabrication perfectionnée de la soude ou de l'acier, aient gagné chacun 100 millions, calculez que c'est par millième de millime sur chaque unité de ces produits que leurs consommateurs contribueraient à ce bénéfice. Et ceci, seulement, pendant que le procédé a un caractère d'exclusivité, car rapidement il tombe dans le domaine public, il devient gratuit, et, au fond, c'est là une véritable *socialisation*.

Examinons maintenant les possibilités de participation des capitaux et des salariés.

Le capital est celui qui court le plus de risques, car l'échec de l'entreprise l'anéantit totalement. Il ne peut donc être excité à s'y intéresser que par l'appât d'une large participation en cas de succès. Sinon, il ne devrait recevoir qu'une rémunération fixe. Et cela est tellement vrai que partout où l'on peut éliminer le risque, on n'offre au capital qu'une rémunération fixe; c'est le cas de la distinction aujourd'hui familière à tous entre l'action et l'obligation.

Le capital doit donc être intéressé au bénéfice, et sa nature morcelable fait précisément que la part du bénéfice qui lui est attribuée peut être facilement répartie entre ses diverses coupures : actions, parts, etc. La formidable puissance de l'industrie et du commerce est précisément venue de cette facilité d'agglomérer la poussière des épargnes individuelles et de leur distribuer l'intérêt et le bénéfice.

L'abus a été dans le fait qu'on a laissé au capital une participation *illimitée* et qu'il continue de prélever très souvent la plus grosse partie des bénéfices, alors que tout risque a disparu ou, tout au moins, que les bénéfices déjà distribués ont permis d'amortir largement le capital primitif. Il aurait fallu dans les lois organiques des sociétés, poser des limites à la participation du capital et à un moment facile à déterminer, c'est-à-dire une fois que les conditions nécessaires à son amortissement eussent été remplies. On aurait ainsi évité le scandale de ces actions grossissant cent fois et plus de valeur nominale, écrasant les entreprises de la nécessité de rémunérer une valeur devenue entièrement parasitaire. Cette illimitation a donné — très justement — aux salariés, l'impression que quelque partie des bénéfice était abusivement donnée à un capital inutile et qui pourrait leur revenir. D'une manière abusive à leur tour, ils en sont arrivés à croire en bloc à l'inutilité du capital lui-même. Mais c'est là un sujet qui mérite une étude spéciale et que je ferai un jour.

Arrivons maintenant aux salariés. Ce sont eux qui courent le moins de risques, mais il serait faux de dire qu'ils n'en courent aucun. L'échec d'une entreprise particulière, ou la crise qui frappe toute une industrie, retentit immédiatement sur eux; elle les plonge brusquement dans le chômage, les oblige parfois à une véritable migration pour louer leur force de travail dans une autre contrée et disloque leur existence déjà si difficilement équilibrée. Jusqu'au moment où ils se sont réadaptés à un autre emploi ils traversent une terrible période, génératrice de misères physiques et morales. Et, comme ils n'ont pas pu auparavant, ainsi que le peut souvent le capital, s'amortir, c'est-à-dire se ménager une réserve, un fonds de subsistance, leur souffrance est dure.

Deux remèdes auraient pu leur être offerts.

Premièrement, des institutions de prévoyance et d'assistance. Mais l'incapacité de l'État est telle qu'il n'a jamais pu faire rien de convenable à ce sujet. Ses institutions ont un tel caractère de charité que c'est bien faussement que les politiciens ont présenté ces lois comme une solution de la question sociale.

Secondement, des institutions corporatives, syndicales, recevant pour le compte de la collectivité des travailleurs une participation proportionnelle à l'importance de la production : c'est ce que j'appelle la *dotation syndicale*.

Principe de la solution. — De toutes les analyses précédentes relatives à la nature de la propriété industrielle et de ses bénéfices et à la situation du corps des salariés par rapport à cette propriété et à ces bénéfices, il ressort, je crois, avec évidence, que la question ne peut être résolue pratiquement que par une attribution d'ordre collectif. La masse des travailleurs organisée dans ses syndicats doit être partie prenante collective, parce que c'est par ce procédé seulement que le produit de la participation aura un effet suffisamment massif et ne se dispersera pas dans un médiocre emploi individuel.

Il en ressort également que ce n'est pas

aux bénéfices que les salariés peuvent être partie prenante, soit parce qu'ils n'en sont pas les facteurs principaux, soit surtout parce que les bénéfices sont insuffisants ou aléatoires.

Où peuvent-ils donc insérer leur participation, sinon dans les frais eux-mêmes de la production? En un mot et pour dévoiler maintenant sans autres détours le fond de ma pensée, les salariés doivent recevoir, hors salaire, un certain pour-cent du chiffre *de la production brute et non du bénéfice net.* Cette somme sera affectée en dotation aux divers syndicats qui se constitueront dans chaque corporation et elle formera le premier élément de leur domaine industriel, domaine qu'ils étaient incapables de créer par leurs propres moyens, qu'ils pourront agrandir ensuite par le parti plus ou moins avantageux qu'il leur appartiendra d'en tirer.

Le caractère collectif que peut prendre un devoir des employeurs à l'égard des employés a été dégagé par la loi de 1898 sur les accidents du travail. Il fut reconnu à ce moment qu'il était impossible de discriminer dans chaque accident la part individuelle de responsabilité et qu'il y avait une sorte de responsabilité de l'outil lui-même, de la machine vis-à-vis de l'ouvrier qu'elle blesse. De même, quand on institua si bureaucratiquement, c'est-à-dire si bêtement, les retraites ouvrières, ce fut en fonction de cette idée que l'employeur devait « amortir » son capital humain aussi bien que son capital machine. De même, nous devons admettre qu'il y a une sorte de responsabilité globale et organique de l'industrie moderne dans l'insécurité et l'instabilité de la vie prolétarienne.

La dotation syndicale. — Je dis donc qu'il doit être prélevé sur les frais généraux de la production brute une certaine somme, très minime, comme on le verra tout à l'heure, — que cette somme doit être affectée en dotation au corps des travailleurs organisé dans ses syndicats, — que, par cette dotation, ces travailleurs se trouveront réellement incorporés à la vie, à la production, à la propriété industrielles, et que, par elle, ils seront solidaires de sa prospérité au lieu de lui être antagonistes.

Voici, en gros, comment je vois le fonctionnement du système :

La loi détermine le principe de la dotation syndicale par prélèvement d'un pour-cent sur le chiffre brut de la production de chaque entreprise. Pour les salariés ne relevant pas d'une production industrielle proprement dite, tels que les domestiques, le pour-cent sera proportionné aux salaires.

La quotité de ce prélèvement, variable pour chaque genre d'entreprise, est fixée par la loi après étude d'un grand conseil syndical composé de représentants des employeurs, des employés et de l'État.

Les salariés sont invités, mais non obligés, à se grouper dans des syndicats de leur choix et par corporation; un chiffre minimum d'adhérents est seulement exigé.

Le produit du prélèvement est perçu annuellement par les soins de l'État et par la procédure ordinaire des contributions directes.

Il est affecté globalement par corporation aux travailleurs lui appartenant. Il est réparti entre les divers syndicats de cette corporation au prorata du nombre de leurs membres.

Chaque syndicat ayant reçu sa part de dotation peut en faire divers emplois, et avec des pouvoirs tantôt autonomes et tels qu'ils lui sont déjà conférés par la loi du 14 janvier 1920, tantôt subordonnés à une autorisation, tel un conseil municipal.

C'est ainsi qu'il pourra librement acheter des actions et prendre tout intérêt dans des entreprises de sa corporation, organiser toutes coopératives de production et de consommation, toutes œuvres professionnelles, littéraires, sportives, toutes œuvres de propagande et d'assistance, s'intéresser à toute œuvre syndicale ayant le même caractère. Et quand il voudra sortir de ce cadre réellement vaste pour tenter telle innovation ou spéculation, il devra, dans son propre intérêt, prendre l'autorisation du grand conseil syndical.

Il ne pourra utiliser la dotation et son organisation pour des fins politiques. Libre aux travailleurs de se grouper dans d'autres associations ayant cet objet spécial.

Les salariés pourront naturellement ajouter à la dotation et aux revenus de sa gestion toute épargne personnelle.

Le syndicat sera soumis, pour la gestion de sa dotation, à toutes les lois civiles ou commerciales ordinaires, étant stipulé seulement que, de même que dans les sociétés anonymes, la responsabilité individuelle du syndiqué est limitée à sa part dans la fortune syndicale.

Telles sont sommairement mais très suffisamment, je crois, indiquées les lignes essentielles du statut organique à donner par une loi à la dotation syndicale. Le reste est détail d'exécution facile à préciser au fur et à mesure des réalisations. Mais le minimum de texte, de réglementation et de bureaucratie sera le meilleur.

Possibilités immédiates de réalisation. — Les circonstances actuelles sont éminemment propres à cette réalisation.

D'abord, le consentement général pour « faire quelque chose », pour mettre un terme provisoire, sinon définitif — car il n'est rien de définitif — à l'irritante et parfois tragique question sociale. Les Français sentent que la haine est aujourd'hui de trop dans leur pays.

Ensuite, ce fait réellement propice que les deux rouages principaux du système viennent d'être établis par la loi : ce sont la *capacité civile des syndicats*, l'*impôt sur le chiffre des affaires*.

Certes, je suis convaincu que les commerçants qui ont si bien réclamé l'impôt sur le chiffre des affaires, par protestation contre la taxe de luxe, ne s'attendaient pas à ce brusque ricochet. Mais les idées sont ainsi qu'elles naissent avec des destins imprévus.

L'impôt sur le chiffre des affaires. — C'est moi qui ai suggéré l'idée de la taxe de luxe (1), idée qui, éminemment juste dans son principe, a été gâchée dans son application. En même temps, M. Joseph Denais proposait la taxe sur

(1) *Revue politique et parlementaire*, 10 février 1917.

les paiements, d'où est sorti l'impôt sur le chiffre des affaires. J'ai toujours, au nom de la justice fiscale, combattu cette dernière taxe et ce dernier impôt. J'estime que c'est un monstrueux impôt indirect frappant plusieurs fois le même objet dans ses diverses transformations, frappant aveuglément et du même poids toute production, quel que soit son caractère d'utilité, quelle que soit sa marge de bénéfices. Je n'insiste pas sur ces critiques, me bornant à signaler que l'impôt sur le chiffre des affaires est manifestement le suprême effort des conservateurs pour échapper à la seule grande mesure financière capable de sauver actuellement le pays, l'impôt sur le capital.

Mais autant je condamne le prélèvement sur le chiffre des affaires comme instrument fiscal, autant je le retiens et je m'en empare pour lui donner une haute destination sociale. Très opportunément, il peut devenir un parfait et souple mécanisme pour instituer une participation directe du salariat à la production dont il est un des artisans, et en l'investissant d'une fortune propre, pour commencer son incorporation, sa stabilisation sociales.

Pour le soustraire à l'un des reproches que je viens de lui faire, il suffira de lui enlever le caractère simpliste et uniforme sous lequel il est actuellement présenté. Il est évident, en effet, que certaines industries, telles que celles de la banque, de l'assurance, de la commission, ne peuvent pas supporter le même prélèvement que telle ou telle industrie de transformation, dont les bénéfices — d'ailleurs scandaleux actuellement — sont de 50 % et plus. Il faudrait donc appliquer à chaque industrie un pourcentage spécial et déterminé, après avis d'un conseil compétent où seraient représentés tous les intérêts en cause.

Immenses résultats de la dotation syndicale. — Plus je réfléchis aux conséquences proches ou lointaines de la solution que je propose, plus je suis surpris de leur profondeur et de leur étendue. Je ne veux en signaler ici que quelques-unes et, celles-là même, les esquisser seulement, laissant aux méditations de mes lecteurs le soin de prolonger ce vaste sujet.

1° Le premier avantage est d'amorcer d'une manière précise, positive, réalisable demain, la solution du problème social tel que je l'ai posé. Le salaire ne suffit pas à rémunérer l'ouvrier de sa participation à la production. Il représente seulement l'*intérêt* qui est servi à l'actionnaire, lequel touche en outre, quand il est possible, un *dividende*. J'ai dit pourquoi le salarié ne pouvait pas, dans la majeure partie des entreprises, recevoir son complément de rémunération de la même manière, et aussi pourquoi le bénéfice qu'il serait admis à partager était aléatoire et insuffisant. La participation au chiffre brut de la production supprime toutes ces difficultés.

Voici, par exemple, les salariés domestiques pour lesquels le jeu de la participation aux bénéfices n'est même pas concevable et qui constituent cependant une fraction importante du salariat, l'une des plus impuissantes à s'intégrer socialement. Supposons qu'ils soient un million avec un salaire moyen argent de 800 francs. Un prélèvement non excessif de 5 % sur ce salaire constituera une dotation de 40 millions par an et de un milliard à la vingt-cinquième année. L'attribution individuelle ne donnerait que 40 francs par an et pourrait être distribuée pendant des siècles sans que la situation sociale de cette corporation ou la situation particulière de chaque membre en soit aucunement améliorée. Au contraire, l'attribution globale et l'usage collectif de cette dotation peuvent donner des résultats réellement merveilleux : bureaux de placement, de contentieux, de caisses de retraites et dotales, crèches, enseignement professionnel et général..., que sais-je encore !

Voici encore l'industrie féminine du vêtement, de la mode, de la lingerie. Nulle fraction peut-être du prolétariat n'est plus impuissante à progresser socialement et économiquement, plus pulvérisée, plus victime d'une défectueuse organisation commerciale, notamment dans le travail à domicile. Sans doute, le pourcentage de bénéfices réalisés par la direction et le capital doit y être important. Mais, en dehors des grandes entreprises parisiennes tenant une comptabilité, et qui d'ailleurs connaissent quelquefois des déboires, comment discriminer le bénéfice dans des milliers de petits ateliers à une ou deux ouvrières ; comment, sans y jeter le trouble, les associer aux bénéfices de leur petite patronne, alors, d'ailleurs, que le plus souvent elles ne jouent près d'elle qu'un rôle très subalterne et d'apprentissage ? Le prélèvement sur la recette brute annuelle joue au contraire des plus facilement, et il élèvera rapidement de plusieurs degrés le niveau moral et social de cet humble et sympathique prolétariat. La production brute de cette industrie doit facilement s'élever à 40 millards et peut aisément supporter un prélèvement de 2 %. Voici donc 80 millions annuels avec lesquels on peut littéralement tout faire et tout espérer, à la condition, naturellement, que cette somme ne soit pas pulvérisée entre mille petits syndicats squelettes, mais qu'elle soit massée sur quelques syndicats centraux seulement qui, animés d'une belle rivalité, s'ingénieront à tirer de la part de dotation à laquelle ils auront droit par leur nombre, le maximum de résultats corporatifs et sociaux.

Que chacun d'entre vous fasse les mêmes réflexions et calculs pour la corporation dont il peut connaître les chiffres : marins, employés de commerce, mécaniciens, métallurgistes, professeurs, etc..., et il sera émerveillé des possibilités qui s'ouvrent à l'esprit enthousiasmé.

Dans combien de professions les meilleurs salariés ne pourraient-ils pas devenir eux-mêmes patrons, s'ils avaient les premiers capitaux nécessaires pour acheter le fonds même où ils sont employés : coiffeurs, épiciers, pharmaciens, clercs, etc...? La dotation de leur corporation pourra constituer à leur usage une sorte de banque leur avançant ces capitaux gagés tant par les premières économies de l'intéressé que par des nantissements. Comme le passage du salariat au patronat en serait élargi et abrégé!

Et n'est-il pas possible de prévoir que les œuvres nées de la dotation et qui auraient besoin de capitaux supérieurs à ceux que lui fournirait cette dotation, les trouveraient rapidement en faisant appel à la clientèle de leur propre corporation? Les épargnes de cette dernière leur seraient apportées et elles iraient ainsi vers un guichet socialement et économiquement supérieur à celui de la Caisse d'épargne.

2° La solidarité entre le capital et le travail, vainement cherchée par les conceptions académiques ou prêchée dans les discours parlementaires, sera enfin réalisée par ce procédé qui n'a d'autre prétention que d'être positif et déduit des réalités.

Vainement dirait-on que cette solidarité existe déjà par le seul jeu des lois économiques. Sans doute, là où l'industrie est prospère, comme en Amérique, la condition des salariés est meilleure et, inversement, là où les salaires sont le plus élevés, l'industrie est le plus prospère. Mais n'est-il pas certain également que le coût de la vie et les besoins nouveaux développés chez le salarié tendent peu à peu à absorber le salaire et à réduire la marge laissée à l'épargne, à la constitution d'un capital personnel? D'autant plus que le prolétaire n'est pas épargnant, soit parce qu'il ne peut espérer de l'épargne des résultats assez décisifs; soit parce qu'il n'est pas épargnant par sa propre nature, défaut que compensent largement sa générosité de cœur et son altruisme social.

En outre, le salarié ne peut que mal sentir une solidarité étendue aux proportions de toute une classe et de tout un pays. Comme il émigre facilement d'une industrie et même d'un pays à l'autre, il ne se sent nulle part particulièrement incorporé. Il a conscience de n'être intégré seulement que dans une immense classe, non dans une corporation spéciale, et dans une classe qui n'est à son tour capable de s'agglomérer que pour la lutte contre la classe capitaliste.

Au contraire, c'est la plus intime solidarité qu'il soit possible d'imaginer qui naîtra d'une vie syndicale ainsi dotée, alimentée par les puissances productives de chaque industrie. Une industrie jusque-là prospère et dont les syndicats étaient richement dotés viendra-t-elle à connaître une vicissitude économique? Les œuvres nées de sa dotation seront-elles menacées dans leur existence ou leur continuité? Aussitôt employeurs et employés se concerteront spontanément pour étudier les transformations et évolutions nécessaires, pour obtenir de l'État les protections qu'il peut donner. Tandis que, dans l'état actuel, le salarié se réembauche simplement ailleurs, aussi indifférent à la crise de son industrie qu'il le fut à sa prospérité.

Les liens de solidarité entre la direction, le capital et le travail iront en se fortifiant, en s'enchevêtrant au fur et à mesure que se développeront les œuvres syndicales. Il est probable que le patronat, à la vue de cette activité et de cette prospérité syndicales, songera lui-même à sortir de l'inqualifiable individualisme dans lequel il s'est enfermé jusqu'à présent, particularisme que je tiens pour principal responsable de notre décadence industrielle. Répudiant les mesquines jalousies, les médiocres rivalités personnelles, l'esprit outrancier de concurrence dans lequel il s'enferme et végète aujourd'hui, il connaîtra à son tour ce qui fit la grandeur de l'industrie allemande, le sens de l'association. Les bénéfices qu'il retirera d'une action corporative concertée lui feront paraître bien léger le prélèvement que nous lui demandons aujourd'hui pour les salariés.

3° Le prolétariat pourra enfin entreprendre son *éducation économique*. L'interdiction de posséder, l'éloignement systématique qui en est résulté de toute positivité, de toute réalité, expliquent et excusent largement le prolétariat de s'être abandonné aux théoriciens, aux rêveurs et aux politiciens.

Car il a ses politiciens, et tous ses exploiteurs ne lui viennent pas du patronat. C'est de son inexpérience qu'ils vivent et c'est pourquoi je m'attends à les voir se dresser passionnément contre mon projet. Mais je suis certain aussi que l'immense majorité du pays et des travailleurs a enfin répudié l'énorme erreur commise par ceux qui, en 1884, ne comprirent pas la profonde pensée de Waldeck-Rousseau et tinrent si longtemps encore le prolétariat éloigné de la grande école économique que sera pour lui la gestion directe des affaires.

C'est dans cette gestion journalière des mille œuvres variées nées de sa dotation, que le prolétariat acquerra les notions essentielles qui lui manquent. Certes, des fautes seront commises, des œuvres sombreront, des tâtonnements dispendieux énerveront et lasseront souvent les premiers pionniers. Mais outre qu'une plaie d'argent n'est jamais mortelle, ce sont ces erreurs mêmes qui fortifieront d'année en année la vie syndicale. Les élections du bureau, la nomination des gérants donneront lieu à d'ardentes polémiques, à de vives discussions, mais ces rivalités auront besoin de s'appuyer sur des documentations raisonnées, sur l'appréciation chiffrée des résultats. Sérieuse menace pour l'avenir des péroreurs et des batteurs d'estrade.

C'est aussi par ces erreurs de gestion que le capitalisme a commencé et continue son instruction. Son histoire compte un vaste cimetière jonché d'inventions malheureuses, de spéculations avortées, de ruines familiales et de suicides. Mais tant de drames seront évités à l'action syndicale ouvrière par la tutelle de la loi.

Rapidement grandira une forte génération de secrétaires de syndicats et de gérants de coopératives, surtout si les syndiqués parviennent à l'une des notions essentielles qui leur manquent actuellement : qu'il n'y a pas de limite à la rémunération des cerveaux producteurs. Les employeurs leur disputeront d'ailleurs ces capacités, et c'est là que le Parlement, ou, du moins, ce qui tiendra lieu de Parlement à cette époque, viendra enfin se recruter. Sérieuse menace encore pour les avocats et les médecins dont le règne politique pourrait ainsi connaître sa fin!

Bien plus, et avec une rapidité qui déconcertera, on verra le prolétariat bondir de ses petites œuvres du début aux grandes entreprises et aux vastes conceptions. Supposons, en effet, que, dès la première année et ensuite pendant dix ans, cent syndicats affectent un million chacun à la constitution d'une grande banque coopérative et populaire, car la banque est le cœur propulseur de toute action économique, vous pouvez alors imaginer l'immensité, la multiplicité, la fécondité des œuvres syndicales qui, dans le plus petit coin de France, recevront à leur tour la vie et l'élan de ce grand organisme.

C'est à brève échéance la transformation

complète des rapports entre producteurs et consommateurs. De grands organismes de concentration et de distribution des produits se constitueront, émanant tantôt du capitalisme patronal, tantôt du capitalisme prolétarien, et se croisant sans cesse par concurrence ou combinaison. On verra des syndicats de marins, d'agriculteurs, apporter directement leur poisson et leur viande aux coopératives urbaines, allégeant ainsi ces deux denrées de première nécessité de chargements qui vont aujourd'hui jusqu'à 100 %. Bref, on verra cesser l'anarchie dénoncée par Fourier dès 1808 et avec elle le gaspillage de frais généraux, l'abus des intermédiaires qui grèvent si lourdement notre existence économique. Songez donc, je vous le demande encore une fois, à ce que dans un quart de siècle aura engendré de haute vie sociale, de salubrité, d'hygiène, de productivité joyeuse et corporative un budget annuel et populaire de plusieurs milliards, nourri non seulement de sa dotation mais des résultats de ses œuvres. Seuls peuvent nous en donner quelque idée l'ancienne splendeur commerciale et artistique des Flandres, le magnifique épanouissement des anciennes républiques italiennes et villes libres allemandes.

Car je m'en voudrais de n'ouvrir ici que des perspectives purement mercantiles. N'est-ce pas d'une intense activité populaire, soutenue et idéalisée dans ses corporations, que sont sortis tous les grands chefs-d'œuvre du Moyen Age? Parce qu'elle offre aux architectes, aux décorateurs, aux poètes et à tous les embellisseurs de la vie de bien autres ressources d'inspiration, de fraîcheur renouvelée et même de puissance d'exécution que la curiosité raffinée de riches amateurs ou la magnificence dépensière des grands rois. L'art, depuis si longtemps dévoyé par une clientèle trop restreinte et trop matérialiste, verra soudain s'ouvrir des maisons communes, des foyers syndicaux, des palais même que ne manqueront pas de vouloir s'ériger les grandes firmes coopératives qui auront réussi.

4° J'arrive ici à une dernière conséquence et qui n'est pas la moins chargée d'efficacité sociale.

C'est par la formation d'une grande vie syndicale prolétarienne et patronale que s'opérera lentement mais sûrement le *glissement du pouvoir politique et législatif, des mains des politiciens à celles des techniciens*. Ainsi se réalisera la prophétie des précurseurs, de Saint-Simon, de Fourier et d'Auguste Comte, dont ma pensée s'inspire constamment :

Que si l'avènement du régime industriel est inévitable, il est inévitable aussi que les chefs d'industrie soient nos chefs temporels.

On assistera alors à la naissance d'un ordre nouveau. L'État que nous connaissons, monstre obèse de centralisation bureaucratique, stupide dans son gouvernement kaléidoscopique de fantoches incompétents, stérile dans son parlementage de tribunes et de commissions, aura disparu. Il aura fait place à un État d'autant plus utile et respecté qu'il aura été vidé de sa pompeuse, omnipotente et incohérente autorité actuelle pour n'être plus que l'arbitre suprême de toutes les organisations autonomes entre lesquelles cette ancienne autorité aura été répartie.

Dans mon livre récent [1] j'ai indiqué le sens général de cette évolution et j'en ai donné la première application précise, comptable même, aux grandes régies industrielles de l'État. J'ai montré comment la décentralisation ne devait pas être tant géographique qu'organique et par fonction, que chaque grand service public devait être l'attribution fixe d'un corps autonome et responsable. Bref, j'ai donné les bases positives du syndicalisme administratif.

C'est dans une poussée du même sens que cette évolution nous conduira à déléguer aux grands syndicats économiques, qu'ils soient patronaux, ouvriers, ou mieux mixtes, un certain nombre de fonctions sociales gérées aujourd'hui par l'État parlementaire avec la plus grande impéritie et avec le résultat le plus manifestement négatif.

Parlant du fatras récent des lois dites sociales, je disais : « Ces lois, où l'esprit d'assistance prédomine sur l'esprit de prévoyance, sont le produit combiné du bureaucrate et du politicien. Or, le prolétaire

(1) *La Réforme administrative par l'autonomie et la responsabilité des fonctions ou self-administration.* (Albin Michel, éditeur.

et le progrès social n'ont point de pires ennemis que ces deux fabricateurs de lois votées à la douzaine et dont nous sommes littéralement submergés, de lois imposantes dans leurs titres, mais creuses dans leur contenu ou d'une massive et inerte réglementation, de lois suggérées par des chefs de bureau avides de gonfler leurs services, à des parlementaires avides de rapports et de discours, de lois faites pour le peuple et non par lui et qu'on voit le plus souvent mort-nées comme celle des retraites ouvrières, parce que le peuple auquel elles sont destinées ne les a pas reconnues pour siennes et ne les nourrit pas de sa propre substance. Le bureaucrate n'a qu'une idée : créer un service important pour en recevoir la direction, pour passer chef de bureau, directeur, ou de directeur, directeur général, et je pourrais mettre un nom propre de bureaucrate derrière chacune des lois étatistes de ces dernières années. Il est bien évident que toute la structure de la loi sera machinée par lui de telle sorte qu'elle lui subordonne un prolétariat administrativement organisé et à plus forte raison qu'elle n'en confie pas l'application aux organisations populaires spontanées, telles que sociétés de secours mutuels, associations, syndicats, etc., et le politicien se fait volontiers le complice de cette combinaison qui décuple ses moyens de corruption électorale.

« A l'avenir donc, ce ne sont pas seulement les conseils municipaux ou régionaux qui verront s'attribuer des délégations de gestion, de réglementation, mais aussi des conseils syndicaux. Ce sont ces conseils qui traiteront, et avec quelle compétence, les habitations ouvrières, l'hygiène et la police des ateliers, l'assistance, la retraite, l'enseignement technique, etc. Ce sont eux, qui, s'ils avaient existé, auraient donné à la juste loi de huit heures, la souplesse d'application qui l'aurait fait accepter du pays et qui manque à toutes ces lois uniformes et abstraites dont l'*Officiel* est encombré. »

Réponse à quelques objections. — 1° On objectera en premier lieu le *déficit apporté dans les prévisions d'équilibre budgétaire,* par l'affectation à la dotation syndicale du produit de l'impôt sur le chiffre des affaires.

J'ai déjà dit ce que cette conception fiscale avait d'erroné et comment elle portait au paroxysme les défauts des taxes indirectes. Or, ces reproches tombent du fait que le prélèvement devient une participation spéciale à chaque industrie et dont le produit ne sort pas de cette même industrie. Il a le même caractère que les prélèvements qui y sont opérés de leur côté par les capitaux et les entrepreneurs.

Mais je dis en passant qu'on fait fausse route en cherchant la liquidation de la guerre dans les expédients de ces taxes indirectes, même portées à l'ampleur de celle qui nous occupe en ce moment. Il faut aller aux grands moyens dont le premier est de constituer une finance internationale appuyée sur des taxes internationales, et le second, un impôt sur le capital ou une réduction générale des valeurs, y compris les dettes de l'État.

Et compte-t-on pour rien le bénéfice retiré par la Nation et l'État du surcroît de vie, d'activité productive de bien-être général, qui naîtra d'un prolétariat économiquement amélioré et capable de prendre à son compte une grande partie du budget social ?

2° On reprochera en second lieu à la dotation syndicale de *grever la production d'une charge écrasante*. J'espère que les adversaires les plus déterminés de mon idée n'insisteront pas sur ce point, car, s'ils prétendent qu'un prélèvement moyen de 1 % du chiffre brut de la production est trop lourd, je me ferai un jeu de prendre comme exemple certaines industries, d'en analyser avec précision les frais et les bénéfices. Je montrerai comment la plupart d'entre elles supportent et font supporter aux consommateurs des chargements dix et vingt fois plus forts que celui dont il est ici question. Ceci par manque d'organisation, de concentration, par routine de méthodes surannées, par abus d'intermédiaires, etc. Je montrerai également que parfois les anciens pourcentages de frais généraux et de bénéfices continuent froidement d'être appliqués à des produits dont la valeur de vente a quadruplé, etc.

L'effort demandé aux employeurs pour faire aux salariés, au lieu d'une participation aux bénéfices trop difficile à établir, la part forfaitaire que je suggère ici, sera au contraire pour eux une parfaite excitation à faire leur examen de conscience industrielle, à se concerter à leur tour dans leurs syndicats. Ils trouveront sûrement beaucoup de moyens, et on peut leur en indiquer dès à présent, de compenser la charge de la dotation et de lutter contre les coopératives qui ne manqueront pas de naître de cette dotation.

3° Car une troisième objection sera probablement celle-ci : *On nous prend notre argent pour nous concurrencer;* nous donnons des verges pour nous fouetter.

Non, car il n'y aura bientôt plus d'employeurs pour contester que l'intelligence et le travail qui ont collaboré à la production n'ont pas tout reçu avec leur salaire fixe et que, d'une manière quelconque, ils doivent entrer en participation. Or, je répète que, seul des trois facteurs en présence, le travail ne peut pas s'accommoder de la participation aux bénéfices et que les frais généraux peuvent être chargés d'une sorte de compensation forfaitaire.

Supposons que, dans une industrie déterminée, les syndicats aient concentré l'emploi de leur dotation, soit à acheter sur le marché des valeurs la majorité des actions des principales entreprises de cette industrie, soit à installer eux-mêmes des usines coopératives qui dominent l'ensemble de la fabrication. Mais ne voilà-t-il pas un résultat dont tout le monde devra se réjouir ? Ne voilà-t-il pas la véritable socialisation? Cette acquisition régulière n'est-elle pas préférable aux aventureuses violences révolutionnaires ? N'est-ce pas la meilleure manière d'incorporer progressivement les travailleurs à la propriété, à la gestion et à la responsabilité industrielles? Les capitaux anciens se trouvent, il est vrai, expropriés de leur entreprise, mais pacifiquement et à leur valeur normale. Rendus libres, ils chercheront à s'employer dans d'autres industries, principalement dans les nouvelles où c'est leur rôle d'y chercher, avec des risques plus grands, de plus grands bénéfices.

4° L'argent ainsi attribué aux syndicats *ne sera employé qu'à la lutte politique et de classes.*

Objection sérieuse, mais qui convie seulement aux précautions indispensables. Pour leur propre sauvegarde financière, les syndicats seront astreints à tenir des comptabilités rigoureuses. Des inspecteurs désignés par le Ministre du Travail lui adresseront des rapports ainsi qu'au Conseil syndical dont je prévois l'institution. L'exclusion de la dotation, au besoin la dissolution du syndicat systématiquement réfractaire, serviront de sanction.

Mais je suis beaucoup plus optimiste et je prétends que, même dans le cas où cette surveillance ne serait pas instituée, les abus deviendraient très rares. Car la majorité des syndicats donnera certainement à sa dotation l'emploi le plus pratique et le plus professionnel. Les résultats avantageux en seront vite sensibles aux adhérents et connus des autres. Ces derniers auront vite fait de comparer leur stérilité et leur dénuement à la prospérité voisine et ils ne tarderont pas d'expulser des directions les théoriciens ou les excitateurs intéressés.

Je crois même que le véritable correcteur des abus possibles sera non pas la loi, souvent impuissante à frapper les grandes collectivités, ainsi que le montre l'accueil déjà fait à la loi sur l'arbitrage obligatoire, mais une puissance nouvelle qu'il est facile de voir grandir dès à présent et dont la dictature pourra seule être acceptée. Cette puissance c'est l'*opinion publique.* Si certaines grèves récentes ont échoué, c'est que l'opinion publique avait prononcé son *veto* et manifesté la résolution de s'organiser spontanément pour remplacer les grévistes.

5° *Un certain nombre d'entreprises ont déjà spontanément créé d'importantes institutions en faveur de leurs salariés.*

Le fait que beaucoup d'entrepreneurs ont déjà trouvé le moyen d'alimenter financièrement des œuvres de ce genre est un bon argument pour généraliser ce devoir de l'industrie.

Mais quelque louables qu'elles soient, ces générosités gardent leur caractère de gracieuseté patronale, de cadeau de père de famille. Restreintes à un petit nombre de buts, d'épargne ou de prévoyance, elles sont bien loin d'ouvrir au prolétariat l'accès complet à la propriété industrielle.

Ces générosités sont souvent accompagnées de quelques précautions, parfaitement légitimes d'ailleurs, et qui ont pour but d'attacher le plus longtemps possible l'employé au service de l'entreprise. Ce résultat sera obtenu d'une manière bien plus forte et plus morale par la prospérité syndicale intimement liée dans son origine à la prospérité de son industrie. Il paraît bien en effet, notamment dans les chemins de fer, que ces générosités n'aient en rien pacifié les rapports du capital et du travail. Ce dernier les a simplement interprétées comme l'appoint d'un salaire qui, en fait, était insuffisant.

On ne peut donc voir qu'avantage et notamment haute moralité et plus exacte vérité sociales à ce que les employeurs renoncent à poursuivre ces œuvres, une fois que leurs employés auront reçu la possibilité financière de les réaliser eux-mêmes.

6° *Le jeu continu et indéfini de la dotation constituera une mainmorte dangereuse.*

Il faut noter d'abord que le prolétariat est à ce point dénué d'institutions de prévoyance et d'assistance individuelle : caisses d'accidents, d'invalidité, de retraite, dotale, œuvres d'habitation, de distraction artistique ou sportive, que, pendant bien longtemps, les ressources de la dotation seront affectées à ces besoins pressants. Loin d'obéir à une force de concentration, elles seront longtemps dispersées soit en distributions individuelles de secours, soit en une infinité de petites institutions. Ce n'est que bien plus tard que le prolétariat, ayant paré aux conjonctures les plus pénibles de son existence incertaine, songera à aborder les grandes entreprises industrielles et commerciales et pourra prétendre concentrer à son tour les capitaux.

Mais le capitalisme actuel n'est-il pas en état de constituer une puissante mainmorte et, au moment où j'écris, ne la constitue-t-il pas? N'est-on pas frappé des proportions gigantesques que prennent les *trust,* les *omnium,* les grandes firmes chimiques, métallurgiques, etc.?

Ce qui est, pour le capitalisme actuel, possible, légitime, et souvent d'ailleurs très bienfaisant au point de vue de l'économie industrielle, ne le serait-il donc pas pour le capitalisme prolétarien auquel la dotation syndicale va donner l'essor?

Je viens de dire bienfaisant et je ne retire pas le mot, car il est évident que l'amodiation matérielle du monde pour les besoins de l'humanité doit être poursuivie beaucoup plus énergiquement qu'elle ne le fut jusqu'ici, même pendant le XIXe siècle. Les exigences économiques de l'homme s'accroissent en effet d'une marche plus rapide que l'utilisation des ressources dont il dispose, et une grande partie du malaise social vient de là. Or, cette adaptation rapide et puissante de la terre à l'homme ne peut plus se faire qu'avec de très grands moyens. Le moteur financier comme le moteur mécanique doit être maintenant de plusieurs milliers de chevaux.

La mystique de 1789 dans laquelle nous fûmes élevés, qui n'est plus tout à fait à l'échelle des événements, a laissé sur la mainmorte, sur le mot et la chose, une sorte d'excommunication, et j'ai montré combien le prolétariat avait été précisément victime du féroce individualisme qui avait poussé sur les ruines de la mainmorte. Un esprit émancipé doit s'affranchir de ces survivances d'idées. Il doit reconnaître que la mainmorte féodale corporative fut pendant plusieurs siècles la sauvegarde de la civilisation, l'abri protecteur des faibles, l'artisan d'œuvres intellectuelles telles que la conservation de la science antique, d'œuvres agricoles telles que le desséchement des marais, d'œuvres artistiques telles que les cathédrales, qui peuvent lui valoir quelque considération.

Aujourd'hui, les grandes œuvres qui nous sollicitent, telles que la transformation d'une agriculture effroyablement arriérée, la constitution de grandes assurances sociales, etc., ne peuvent plus être faites que par de très vastes organismes concentrant et conservant de grands capitaux.

Certes, et ici je vais faire raison, mais à terme, à mes critiques, certes le syndicalisme prolétarien, la nouvelle mainmorte, si l'on veut, qui va naître de la dotation, obéira un jour ou l'autre, et sûrement dans un siècle d'ici, à la loi d'égoïsme et d'inhibition qui est la fatalité de tous les groupements humains. Ils deviendront égoïstes, conservateurs, tyranniques, ils subordonneront l'intérêt général à leur intérêt particulier, et on verra encore une fois le conflit de la Nation et de la Corporation.

Eh bien ! à ce moment, on fera une nouvelle révolution que j'espère pacifique, pour résoudre le conflit et abaisser le syndicalisme après la féodalité, l'Église, les corporations et la royauté. Ce sera l'affaire de nos arrière-petits-fils, car rien d'humain n'est fixe et définitif. Mais, d'ici là, le syndicalisme, doté des ressources que je propose, riche aussi de sa sincérité et de sa mystique actuelles, aura restitué au peuple la force et la beauté des grandes œuvres corporatives qu'il connut au XIIe siècle et qu'il ignora au XIXe, la santé morale et physique, la puissance économique, dont la métaphysique et le parlementarisme révolutionnaires ne semblent pas l'avoir abondamment pourvu.

*
* *

J'ai terminé, car il me suffit maintenant de laisser l'essentiel de mon idée germer dans les esprits. Chacun l'adaptera au milieu et aux faits qu'il est en état d'observer personnellement.

Je m'attends à l'hostilité des extrémistes révolutionnaires et rétrogrades. Ils doivent être contre tout ce qui peut perfectionner l'ordre qu'ils veulent détruire ou le progrès qu'ils combattent. Mais ce sont les rétrogrades qui, sous des apparences moins actives, sont les plus dangereux, car, suivant les fortes paroles que j'ai rappelées au début : « Le progrès restera anarchique aussi longtemps que l'ordre restera rétrograde. » Je ne sais point de pire révolutionnaire qu'un mal social qui ne guérit pas.

Par compensation, je crois rencontrer l'adhésion d'une grande quantité d'hommes avides de sortir des métaphysiques d'école, des phraséologies académiques, des impuissances parlementaires, d'hommes convaincus que le succès des armes n'a de valeur que s'il assure dans un monde désemparé, le triomphe de la pensée française. Or l'association des classes, non leur lutte, est la substance même de tous nos grands réformateurs sociaux.

Depuis l'armistice, ce sont des heures décisives qui fuient sur notre cadran. Jusqu'ici, autant d'heures, autant de fautes, autant de culpabilités pour ceux qui ont gouverné ce peuple inutilement héroïque et vainqueur.

Mais l'énergie des peuples comme celle des individus se reconnaît à ce qu'ils tirent d'un échec des raisons nouvelles d'agir et de réussir.

L'Angleterre et l'Amérique aussi se trompent. Pendant ce temps, l'Europe convulsive et agonisante, affamée de direction autant que de charbon, attend quelque présidence. Or, cette présidence appartient à la France, si elle sait, avant d'être généreuse aux peuples, même coupables, qui souffrent, l'être pour ses propres enfants et, avant d'être l'initiatrice de la société et de la paix européennes, être chez elle l'initiatrice de la paix sociale.

ANNEXE

PROPOSITION DE LOI

I

Sur le produit de l'impôt sur le chiffre des affaires établi par les articles..... de la loi du..... il sera fait un prélèvement de 25 °/o la première année. Ce prélèvement s'augmentera de 25 °/o d'année en année jusqu'à l'absorption totale dudit impôt.

Lorsque ledit impôt est majoré à titre spécial, le prélèvement ne porte pas sur la majoration.

Pour les salariés dont l'employeur n'exerce pas une profession industrielle, commerciale ou agricole, la dotation syndicale est alimentée par un prélèvement de 5 °/o sur le montant de leurs salaires.

II

Les fonds provenant de ce prélèvement seront affectés, à titre de dotation syndicale, aux syndicats ci-après prévus et ce par périodes trimestrielles.

III

Les salariés de toutes catégories et de toutes nationalités pourront se grouper suivant leur préférence et en vue du bénéfice de l'application de la présente loi, dans les syndicats professionnels prévus par la loi du 5 avril 1884.

L'attribution de la dotation syndicale leur est faite proportionnellement au nombre de leurs adhérents. Mais ils ne peuvent y prétendre que s'ils groupent, suivant la population salariée totale, au moins 10 ou 20 % des salariés de la corporation, soit directement, soit par fédération de syndicats locaux.

IV

Pour l'emploi des fonds de la dotation syndicale, les syndicats jouissent des droits qui leur sont conférés par la loi du 5 avril 1884, modifiée par celle du 14 mars 1920. Les opérations non prévues par ladite loi devront être autorisées par le Ministre du Travail après avis du Conseil syndical prévu ci-après.

V

Les syndicats attributaires ne pourront sous-répartir purement et simplement les fonds dont ils disposent entre les syndicats locaux les composant, que jusqu'à concurrence de 30 °/o de ces fonds. Ils pourront souscrire à des œuvres inter-syndicales, sans limitation de corporation.

VI

Ils tiendront une comptabilité de toutes leurs opérations suivant les formes commerciales ordinaires ou suivant des modèles prescrits, selon le cas, par le Ministre du Travail, après avis du Conseil syndical.

Les inspecteurs du travail seront chargés de la surveillance des prescriptions de la présente loi.

VII

Le détournement des fonds de leur usage légal par un syndicat le rend susceptible :

1° De la suspension pendant une ou plusieurs années du bénéfice de la dotation, prononcée par le Ministre du Travail après avis du Conseil syndical;

2° De la dissolution en cas de récidive ou refus systématique.

La fortune du syndicat dissous sera transmise aux syndicats de la même corporation au prorata de leurs adhérents.

VIII

Les membres adhérents à un syndicat peuvent, en quittant ledit syndicat pour en former un autre, transporter dans le nouveau syndicat toute la partie de la fortune syndicale susceptible d'un partage proportionnel au nombre des membres restants et dissidents.

Mais il faut pour cela : 1° que la dissidence simultanée comprenne la moitié plus un des membres ; 2° qu'elle réunisse de son côté le minimum de 10 ou 20 °/o des salariés de la corporation prévu par l'article 3.

Néanmoins, tout dissident isolé conserve la propriété de ses comptes de prévoyance et de retraite.

IX

Il est institué un Conseil syndical, composé pour 50 °/o de membres délégués par tous les syndicats attributaires, 25 °/o de membres délégués par tous les syndicats patronaux des mêmes corporations, 25 % de membres délégués par le Ministre du Travail.

Le Conseil dresse la liste des corporations en vue de l'application de la présente loi.

Il exerce les pouvoirs de conseil, de contrôle et de tutelle qui lui seront conférés par un règlement d'administration publique, mais sans pouvoir empiéter sur les pouvoirs propres déjà conférés aux syndicats par la loi du 5 avril 1884.

Il donne obligatoirement son avis sur tous les projets, propositions de loi ou de règlements intéressant le travail.

X

Un règlement d'administration publique déterminera les détails d'exécution des dispositions précédentes.

Les neuf articles de cette proposition me paraissent suffisamment clairs pour se passer de longs commentaires.

Au moment où j'écris, le projet d'impôt sur les affaires semble laisser de côté les affaires agricoles. Mais si l'impôt reçoit l'attribution que je propose, cette nouvelle exemption ne pourra subsister, car elle tournerait au détriment des travailleurs agricoles.

Les salariés au service des industries d'État sont compris dans le projet sans qu'il soit besoin de le spécifier. Il n'en est pas de même des fonctionnaires ordinaires. Leur syndicalisation doit être réservée afin d'être combinée avec une refonte complète de leur statut, notamment de leur régime de retraites, lequel est suranné et devrait être confié à des organismes autonomes, gérés par les intéressés.

Il n'y avait aucune raison d'exclure les étrangers. Au contraire, la main-d'œuvre qui nous est si nécessaire doit être attirée par une législation sociale accueillante et fraternelle.

Si j'ai exigé un minimum d'adhérents, égal à 20 °/₀ des salariés de la corporation, c'est pour éviter la dispersion des ressources et les œuvres squelettiques. La possibilité de fédérer des syndicats locaux laisse d'ailleurs toute la souplesse désirable.

Au sommet de l'organisation syndicale, j'ai placé une sorte de Conseil d'État professionnel qui exercera les fonctions de tutelle, de contrôle et de réglementation. Il sera, en outre, gérant direct des œuvres intersyndicales telles que banques, magasins de gros, etc. J'ai prévu l'entrée pour un quart de délégués patronaux afin d'y établir par le sommet et l'élite une collaboration fructueuse entre les employeurs et les employés. Le Parlement professionnel futur pourrait peut-être sortir de là.

IMPRIMERIE BERGER-LEVRAULT, NANCY-PARIS-STRASBOURG

IMPR. BERGER-LEVRAULT, NANCY-PARIS-STRASBOURG

Prix net : 3 francs

www.ingramcontent.com/pod-product-compliance
Ingram Content Group UK Ltd.
Pitfield, Milton Keynes, MK11 3LW, UK
UKHW021121260726
13994UKWH00002B/956

9 782329 171500